LE NOM DE YAHWEH, LES ANGES ET LE JARDIN DE MON CŒUR

Écrite par
Lindi Masters

Illustrée par
Lizzie Masters

Écrite par
Lindi Masters©

Illustrée par
Lizzie Masters©

"LE NOM DE YAHWEH, LES ANGES ET LE JARDIN DE MON CŒUR"
Droits d'auteur © 2021

Histoire écrite par Lindi Masters
Illustrée et conçue par Lizzie Masters
Traduite par Barbara Burke, The Silver Quill
burkebarbara56@gmail.com

Remerciements à IGNITE KIDZHUB © et à tous les enfants qui participent du monde entier pour leurs œuvres de créativités.

Un remerciement spécial à nos mentors et amis Ian Clayton et Grant Mahoney, sans qui nous n'aurions pas exploré ces royaumes.
Cette édition publiée en 2021 © Seraph Creative

Tous les droits sont réservés. Aucune partie de cette publication ne peut être reproduite, stockée dans un système d'extraction ou transmise sous quelque forme ou par quelque moyen que ce soit ; électronique, mécanique, photocopie, enregistrement ou autre sans l'autorisation préalable du détenteur des droits d'auteur. Aucune partie de ce livre, les illustrations incluses ne peuvent être utilisées ou reproduites sans l'autorisation écrite de l'éditeur.

ISBN 978-1-922428-56-1

Les Anges sont créés par Dieu et sont envoyés pour nous aider.

Ils nous apportent des messages et ils veillent sur nous.

Ils nous protègent et ils viennent même nous parler.

Les Anges aiment rire et sont très amusants.

Ils aiment adorer et chanter,
'SAINT SAINT SAINT!'

Mais tous les Anges ne sont pas identiques.

Il y a des Anges différents; il y en a de millions d'Anges.
Ils tirent leurs noms de leurs fonctions.
Et ce n'est pas tous les Anges qui ont des ailes!
Ils aiment parler de Yahweh.
Quand on parle de Yahweh, ils sont **RÉJOUITS!**

Citons certains de ces Anges…

Les Chayos sont...

Les saintes créatures vivantes. Leur patron est Metatron. Il fabrique toutes les clés des portes du paradis.

Ophenim sont...

Les roues à l'intérieur des roues. Comme une balle dans une balle. Leur patron est Raziel.

Les Erelim sont...

Les Anges puissants.
Les Anges qui achèvent
leurs missions assignées.
Leur chef est Tzathkiel.

Kashmelian sont...

Les Anges brillants et étincelants. Ils changent des couleurs comme un caméléon. Ils aiment être amusants. Leur chef est Tzadkiel.

Les Séraphim sont...

Les Anges brûlants ou Anges de feu. Ils ont six ailes et leur travail consiste à nous apprêter à faire des choses. Leur chef est Gabriel.

Les Malachim sont...

Les Rois. Ils apportent le jugement de Yahweh sur la terre. Leur chef est Uriel.

Elohym sont...

Des Anges qui nous ressemblent.
Ils ressemblent à des humains.
Leur chef est Haniel.

Ben Ei Elohym sont...

Les Fils de Dieu qu'il créa en premier. Ils s'assoient sur les trônes et ils nous attendent pour les remplacer.
Leur chef est Michael.

Les Chérubins sont...

Ceux qui se couvrent. Ils ont quatre visages. Le lion, le bœuf, l'aigle et l'homme. Leur chef est Raphael.

Ishim sont...

Les Anges princes guerriers. Ils se battent pour notre destin et gardent la gloire de nos vies. Leur chef est Sandelford.

LE JARDIN DE MON CŒUR

Je peux construire un jardin dans mon cœur.

C'est un endroit sécurisé et spécial avec Dieu. Un endroit pour savoir que Jésus m'aime, et là-bas nous sommes des amis.

Le sang de Jésus ouvre la porte.

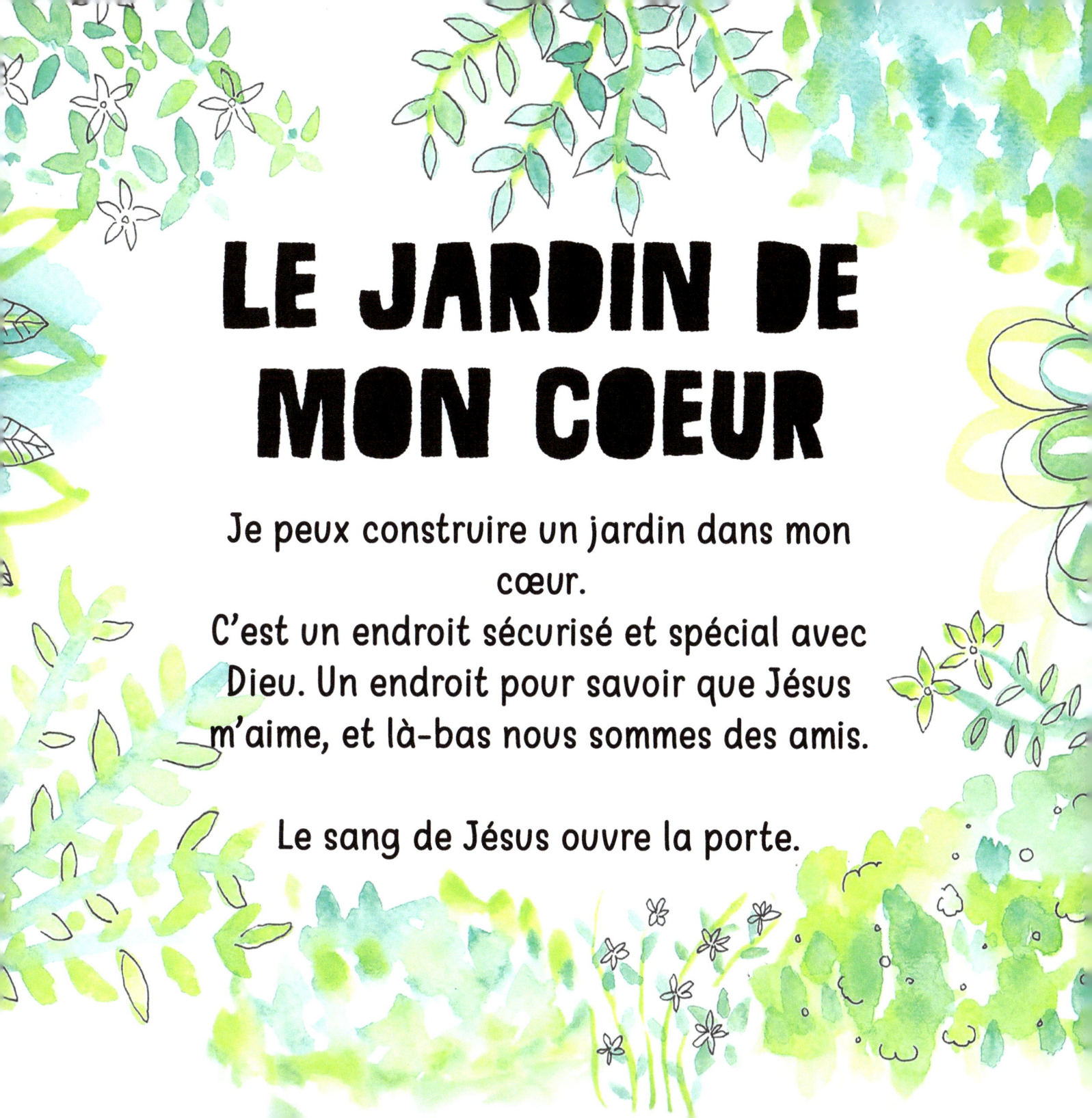

Je ferme les yeux et j'entre dans le fleuve de Dieu à travers mon imagination.

Le fleuve de Dieu coule dans mon jardin. Je commence à marcher dans la rivière.

Cette rivière est pleine d'or, des diamants, des pierres et de beautés.

Les feuilles des arbres sont des êtres vivants qui se déplacent dans l'eau comme des poissons.

Je remonte la rivière dans la présence du Père.

Je descends sur le chemin du pont.

Dans mon jardin, je trouve des fleurs et des arbres. Parfois des animaux.

Je peux planter des choses dans mon jardin. Je peux y revenir encore, et Jésus ne s'ennuiera jamais.

Ça c'est mon endroit heureux.

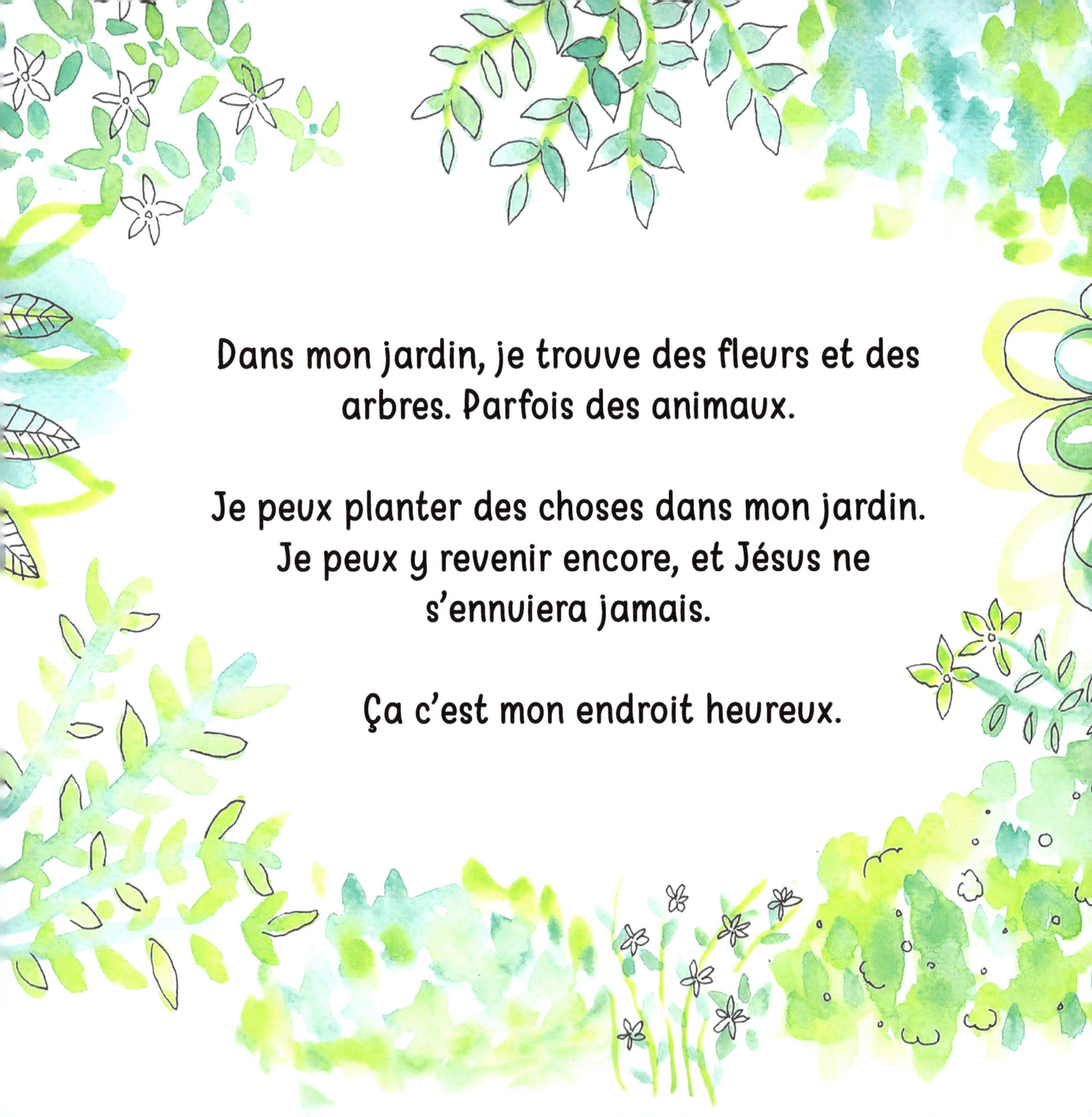

On le lit de droite à gauche.

יהוה

HEY　　　VAV　　　HEY　　　YOD

Quand nous chantons et utilisons le nom

YHVH יהוה

nous entrons dans chaque lettre.

Les lettres Hébraïques sont des êtres vivants et sont en vie.
YHVH יהוה signifie 'je suis' ou 'être'.
YHVH יהוה est très ancien et très saint.

FAISONS UNE PRIÈRE

 Fermes tes yeux.

Fais un triangle avec tes mains.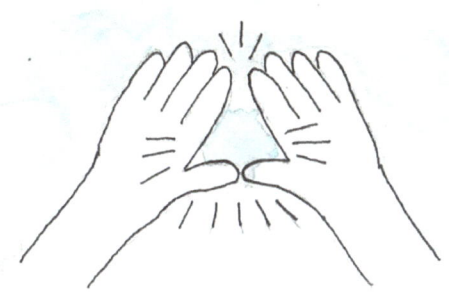

Chantes le nom YHVH יהוה à travers le triangle.

Chantes comme ceci,

Entres dans le nom de YHVH יהוה et à travers le voile.

Nous entrons dans la rivière qui coule du trône de Dieu.
Arrêtes-toi et regardes les anges autour de toi. Dis-leur que tu es heureux de les voir et que tu es heureux qu'ils soient avec toi.

Maintenant, tu peux entrer dans le jardin de ton cœur pour jouer et parler avec Jésus.

Quand tu es prêt, tu peux reculer à travers le voile et le nom de
YHVH יהוה.

Souviens-toi, tu peux y revenir n'importe quand tu veux.

AMEN!

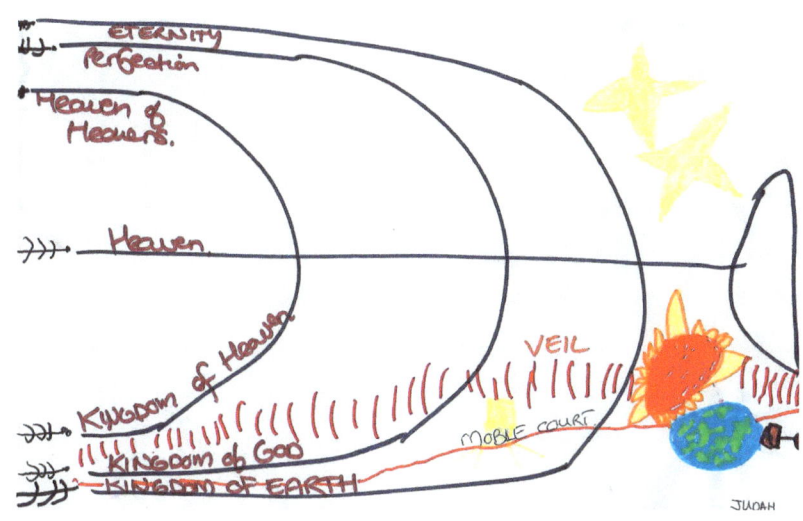

Ce livre est le premier d'une série créée pour inciter les enfants à explorer et à s'engager dans les royaumes du royaume de Yahweh.
Nous examinons de plus près le Nom de Yahweh, les 10 Couches d'Anges et le Jardin de Mon Cœur.

www.ingramcontent.com/pod-product-compliance
Lightning Source LLC
Chambersburg PA
CBHW050758110526
44588CB00002B/50